Guds 7 Andar

av Olof Amkoff

Förlag: BoD – Books on Demand, Stockholm, Sverige
Tryck: BoD – Books on Demand, Norderstedt, Tyskland
ISBN: 978-91-8007-987-7

Innehållsförteckning:

Förord   sid 3

Kapitel 1: HERRENS ande   sid 11

Kapitel 2: Vishets ande   sid 14

Kapitel 3: Förstånds ande   sid 27

Kapitel 4: Råds ande   sid 30

Kapitel 5: Starkhets ande   sid 37

Kapitel 6: Kunskaps ande   sid 42

Kapitel 7: Gudsfruktans ande   sid 47

Förord

Denna bok handlar om de oerhörda rikedomar som finns att få hos Gud i form av 7 andliga smörjelser över vårt **hjärta**, vår **ande**, enligt Jesaja 11:2. Dessa smörjelser är inte detsamma som Andens nådegåvor. Vissa nådegåvor ingår i Guds 7 Andar. Bibeln säger att **begynnelsen till vishet är gudsfruktan**. Råder det brist på undervisning om t.ex. fruktans Ande i Kristi kropp, kan man inte heller förvänta sig någon större grad av vishet bland de troende. Samma sak gäller för de andra sex smörjelserna.

Vishet och kunskap bereder Sion frälsning i rikt mått och HERRENS fruktan ska vara dess skatt, säger Jes 33:6. I denna enda vers nämns inflytandet från tre av Guds 7 Andar, vishets, kunskaps och fruktans Ande. Med vishets och kunskaps Ande ska församlingen kunna vinna *"frälsning i rikt mått"*, även i betydelsen ett framgångsrikt själavinnande. Gudsfruktan måste bli församlingens "skatt" innan vi blir trovärdiga och intressanta. Då först kommer vi att **"väcka avund"**, för att citera Romarbrevet 11:11.

Alltför lite har predikats och undervisats om Guds 7 Andar. Det har lett till en utarmning av kristenhetens vittnesbörd, interna liv, kärlek och själavinnande. Den andliga såväl som den intellektuella nivån är många gånger inte vad den borde vara vid våra gudstjänster och i den utåtriktade verksamheten. Det beror till stor del på okunskap om dessa 7 smörjelser.

3

Även den enskilde kristne har drabbats av denna utarmning. Det har lett till "osmorda" kristenliv. En kristen som inte vet fullt ut vad han har i andedopet, kan inte heller bli använd av Herren ordentligt. Det räcker inte med att kunna tala i tungor. Ofta är det ju bara det som sätts i samband med andedopet. Saknas kunskap om dessa sju smörjelser kan vi inte bli så Kristuslika som Gud vill.

Någon systematisk undervisning om Guds 7 Andar har jag inte stött på under de 41 år jag varit troende och flitig bokläsare. Det behövs en sådan undervisning och här föreligger nu mitt bidrag till att avhjälpa den bristen. Denna bok går på ett undervisande sätt igenom dessa 7 smörjelser. Kristna som läser den kan bättre själva studera dessa saker, be om dessa smörjelser och samarbeta bättre med den helige Ande på dessa områden. Till fromma för den enskilde, för församling och samhälle.

Mina slutsatser efter att ha gjort detta stora bibelstudium, med många timmars studier i Skriften och en biblisk ordbok, s.k. *konkordans*, är: ska man ha något uttömmande att säga om Anden, hans verkningar och gåvor, måste summan av Guds ord studeras på dessa områden. För det är *"summan av Guds ord som är sanningen"*, enligt Ps 119:160. De bibelstudier som är grunden till denna bok har gett mig enormt mycket. Det har helt enkelt varit ögonöppnande för mig på många sätt och på många områden. Det är min önskan att det ska fungera likadant på dig!

"På honom ska HERRENS Ande vila, vishets och förstånds Ande, råds och starkhets Ande, HERRENS kunskaps och

4

fruktans Ande." Jesaja 11:2. Här namnges de **Guds 7 Andar** som Uppenbarelseboken 1:4, 3:1, 4:5 och 5:6 bara nämner att de finns. Denna profetia handlar om Jesus i första hand naturligtvis. Kristus betyder ju "den smorde". Men vi är också smorda, medsmorda, "kristna".

Enligt Jesajas profetia finns det alltså sju andliga smörjelser att få. Dessa förmedlas i andedopet. Inte alla på en gång i fullt mått, utan individuellt, successivt mer och mer, efter vars och ens behov och förmåga att förvalta dessa smörjelser. I och med andedopet blir det helt plötsligt intressant och spännande att läsa Bibeln. Vi får kärlek till Jesus, till våra medsyskon i tron och till vår nästa. Vi märker hur Bibelns andliga sanningar blir levande och vi blir frimodiga och oförfärade att dela med oss av vår tro.

Så var det för mig. Jag märkte också hur jag i mitt samtal med andra kristna om vår gemensamma tro, helt plötsligt började säga saker som jag inte hade tänkt ut före eller förstått tidigare. Det bara kom! Visdomsord. De som lyssnat på mig, sa t.ex. att "Så har jag aldrig sett på det tidigare, men det låter intressant och vettigt!" En kvinna blev så välsignad av vad jag i ett kort samtal sa till henne inne på en affär, att hon som tack beslöt sig att underhålla mig med en viss summa pengar varje månad i ett år, för något som jag bara i förbifarten sa till henne!

Jag tror att detta inte är unikt för mig. Det är något som händer oss alla. Men vi har inte tänkt på det på detta sätt. Vi tror att vi profeterar bara när vi känner en stark tanke upprepas flera gånger under en gudstjänst, ser en syn, ett bibelord flyter upp i

5

sinnet, och sedan säger "Så säger Herren...".

Ofta i våra vardagliga samtal med varandra om andliga ting, vardagsproblem, stora problem, praktiska problem, själavårdsproblem osv, "profeterar" vi faktiskt utan att veta om det. Vi talar kunskapens ord och visdomens ord mycket oftare än vad vi tror, var och en av oss! Inte bara profeter, pastorer, evangelister och förkunnare, utan varje andedöpt kristen! Vi förmedlar ofta uppenbarelsekunskap om Gud och om hans vilja utan att veta om det. Likadant är det med praktiska råd och tips vi ibland ger varandra. Det kommer ofta från "råds Ande", o.s.v.

Kunde översteprästen Kaifas "säga genom profetisk ingivelse" att det var "bättre att Jesus dog för folket än att hela folket skulle förgås", enligt Johannes 11:50-51, så kan nog du och jag också profetera, utan att veta om det. Vi som älskar Jesus borde ju vara mer öppen för Guds Ande över oss, än översteprästen som hatade Jesus!

Denna bok vill hjälpa Dig se om Du är smord med någon, flera, eller alla Guds 7 Andar, hur dessa smörjelser fungerar, eventuellt redan har yttrat sig i ditt liv eller kommer att kunna yttra sig hos Dig.

Siffran 7 vet vi tillhör Gud på ett speciellt sätt. Både i skapelsen och i Bibeln ser vi hur Gud har satt sitt sigill på många ställen och olika sätt. Till exempel består den synliga delen av solljusets spektrum av 7 färger. Violett, indigo, blått, grönt, gult, orange och rött. Samma färger som i regnbågen. Det vita solljuset

6

består alltså av dessa 7 färger. Det kan överföras på detta område som vi behandlar. Om man tar en rund pappskiva, delar in den i 7 "tårtbitar", sektorer, målar dem i spektrumets 7 färger och sätter fart på den genom att snurra den fort, då ser det ut som om den vore vit!

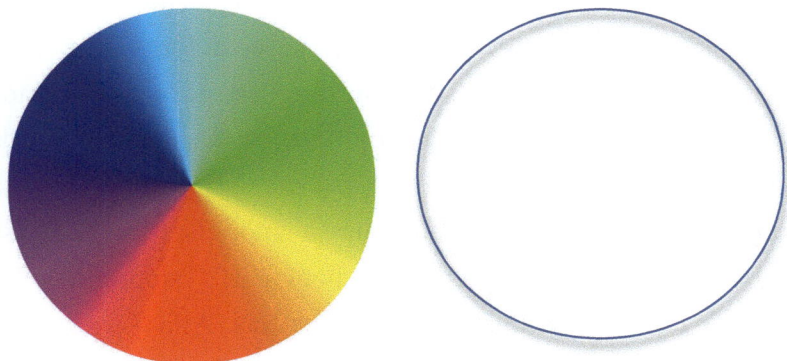

Alla 7 färgerna flyter då samman till det vita ljusets färger. På samma sätt är det med oss andedöpta kristna. Vi har tillgång till Guds 7 Andar, 7 smörjelser. Men vi har inte låtit oss uppfyllas av dem alla maximalt ännu. Därför har inte Gud "satt fart på" oss ännu, för vi skulle lysa endera för lite vitt och rent, eller för mycket färgat åt något håll.

Jesus inleder bergspredikan med det viktigaste av allt, att vara **fattig i anden**. Vi måste alltså sluta förtrösta på oss själva, på våra egna förmågor, egna kunskaper, intelligens och företräden, för att kunna bli beroende av Anden. (Det är ett positivt beroende!) Ju *"fattigare"*, d.v.s. ju mer tomma vi är på sådana saker i vårt kristna liv, desto mer kan Anden uppfylla oss. En full flaska kan inte fyllas med något. Men ju mindre innehåll den har, dess mer kan den bli fylld av något annat. *"Förtrösta på HERREN av allt ditt hjärta och förlita dig inte på ditt förstånd,"* säger Ords 3:5. En troende som fortfarande litar på sitt förstånd vad gäller det kristna livet, är inte fattig i anden. En sådan är fortfarande "rik" på sig själv i sin ande. Flaskan är fortfarande full så att säga. Dygnet runt vilar den helige Ande över den troende för att fylla på med någon smörjelse, så fort vi har "tömt oss" på något, helgat oss, korsfäst vårt kött på något område eller förnyat vårt sinne på något område. Ju mer andeuppfyllda vi blir, desto mer kan vi vara *"världens ljus"*. Det är också viktigt att det råder balans mellan dessa smörjelser i våra liv, så att vi verkligen lyser vitt, och inte "chockrosa", "stopprött" eller "likblått" i våra försök att vara världens ljus. Alla 7 "sektorer" bör helst vara lika stora i våra liv. Då först blir vårt vittnesbörd vitt och rent. Då kan våra liv skingra mörkret. För mörker är ingenting i sig själv. Mörker är avsaknad av ljus!

Karismatiska kristna överbetonar lätt den rent andliga sidan av det kristna livet och blir då överandliga. De blir åt det röda hållet så att säga. Hur många kristna är det inte som "tjatar" på Gud om att få tungotalets nådegåva, eller att få profetera, eller få kraftgärningarnas nådegåva, men förbiser den nådegåva som Paulus nämner först i 1 Kor. 12:8, nämligen gåvan att tala visdomens ord! Ickekarismatiska kristna å andra sidan, hamnar lätt i lagiskhetens kalla blå färg som inte attraherar någon. Nej, vi borde alla sträva efter att ha lika mycket av alla dessa andliga smörjelser i våra liv. Då först lyser vi som *"världens ljus."*

Tänk dig den sjuarmade ljusstaken, menoran, som stod i det heliga, templets och uppenbarelsetältets yttre rum. Den var fylld med *"dyrbar, gyllene olja"* för att kunna brinna. Olja är Bibelns vanligaste och tydligaste symbol för Guds Ande. Överst på varje arm brinner en låga, en Guds Andes eld. Vi kan placera de 7 Andar som Jesaja 11:2 nämner, i dessa armar.

bild: Lars Borre

9

Med hjälp av dessa två bilder, pappskivan och menoran, kan vi lättare förstå detta bibelstudium om Guds 7 Andar. De kristna som inte är andedöpta, kan inte lysa på detta sätt som vittnesbörd i den helige Andes kraft. Deras "ljusstake" är tom på olja, deras "pappskiva" är "oifylld och grå" än så länge. Låt oss be för dem att de märker sitt behov av Andens kraft i sina liv och vittnesbörd!

Kapitel 1: HERRENS ANDE

Ibland skrivs i Bibeln "HERREN" med versaler, stora bokstäver, och ibland "Herren" med små bokstäver. Det är på grund av att de är översatta från två olika hebreiska ord. *"JHVH"*, Jag är, är översatt med HERREN. *"Adonai"*, min Herre, är översatt med Herren. (I 1981-års NT, i 1982 års helbibel och i Bibel 2000 har översättarna tyvärr valt att skriva Herren Herren, när det står *"JHVH Adonai"* i grundtexten. Det blir då bara en meningslös upprepning av Guds namn.)

Jesus belyser detta förhållande klart och tydligt i Matteus 22:42 46 när han frågar fariséerna: *"Vad anser ni om Messias? Vems son är han? De svarade honom: Davids. Då sa han till dem: Hur kan då David, driven av Anden, kalla honom Herre och säga: 'HERREN* (JHVH) *sa till min Herre* (Adonai): *sätt dig på min högra sida, tills jag har lagt dina fiender under dina fötter.' Om nu David kallar honom sin Herre, hur kan då Messias vara hans son?"* (Jesus citerar från Ps 110:1.)

Så bevisligen är HERREN den samme som Gud Fader och Herren är Gud Sonen. Ett till bibelord som stöder detta är Jesaja 64:8; *"Men HERRE, du är ju vår fader."* När vi då har att göra med HERRENS Ande, förstår vi att denna smörjelse nummer ett, i vår genomgång av Jesaja 11:2, har med barnaskap att göra. Paulus skriver i Rom 8:14-16 om *"barnaskapets Ande i vilken vi ropar Abba! Fader!"*

Denna första smörjelse ger oss trygghet i vår relation med Gud som vår andlige Pappa. Utan barnaskapets Ande, eller för lite av den, leder till osäkra vittnesbörd. De övertygar inte en tvivlare eller sökare. Inte heller vågar vi överlåta oss helt och hållet om vi inte verkligen känner oss älskade av Gud.

I dessa tider med frånvarande fäder är det oerhört viktigt för unga kristna att bli ordentligt befästa i barnaskapets Ande! Vi som haft fäder hemma under barndomen, lärde ändå inte känna dem på ett sådant sätt, att vi såg Gud Fader genom dem. Jesus var smord med HERRENS Ande. Därför var han aldrig rädd att gå in i det som var Guds vilja med honom. Han visste att Fadern bara har *"idel goda gåvor och idel fullkomliga skänker"* (Jak 1:17) att ge eller förelägga oss att gå in i. Han visste att Gud är god och älskar alla sina barn med evig kärlek.

Vi kan pröva oss själva i detta genom att läsa, förstå och tillämpa 1 Joh 4:17-18 på oss själva. *"Därigenom är kärleken fullkomnad hos oss, att vi har frimodighet i fråga om domens dag. Ty sådan Han är, sådana är även vi i denna värld. Rädsla finns inte i kärleken, utan den fullkomliga kärleken driver ut rädslan. Rädslan hör ju samman med straff, och den som är rädd är inte fullkomnad i kärleken."*

Med tillräckligt mycket av HERRENS Ande, Gud Faderns Ande över oss, lär vi känna Fadern och blir trygga kristna som villigt och glatt gör hans vilja. Med HERRENS Ande över oss kan även vi säga som Jesus sa: *"Min mat är att göra Guds vilja och att fullborda hans verk,"* Johannes 4:34. Det var på grund av denna första smörjelse som Jesus alltid relaterade till Gud som

"*Fader, himmelske Fader* och *Fadern*", 40 gånger i Matteus evangelium. Av samma anledning kallade han alltid sig själv för Sonen. Låt mig få rekommendera en bok i ämnet: "Gud är din Far", av Floyd McClung, Salt & Ljus Förlag, och De faderlösas "Pappa", av Paul Forsén.

Kapitel 2: Vishets ande

Det är intressant att notera att den första smörjelse som nämns efter HERRENS Ande, är vishets Ande. Det är nog därför den första nådegåva som Paulus nämner i 1 Kor 12:8, är just gåvan att kunna tala ord av vishet. Tungotalets gåva nämner han sist. Budskapet med den turordningen är: utan vishet blir bruket av de andra nådegåvorna lätt felaktigt på något sätt. För det hör visheten till, **hur** man ska använda insikter, kunskap och gåvor. Vishet gör kunskapen effektiv. Därför står det om Jesus i Lukas' evangelium, att han *"växte till och fylldes av kraft och vishet, och Guds välbehag vilade över honom."*

"Josua var full av vishetens ande, ty Mose hade lagt sina händer på honom," enligt 5 Mos 34:9. I den mån vi har gudsfruktan och lyder Guds Ord, vågar den helige Ande anförtro oss av *"Guds hemliga visdom, den fördolda,"* enligt 1 Kor 2:7. För Paulus var Guds visdom *"hemlig"*. Vi skulle nuförtiden lika gärna kunna säga "övernaturlig". Guds hemliga visdom ger den kristne insikter i Guds vägar, hans handlande, hur han tänker och ser på olika saker m.m. Rätt snart framstår en sådan som en sann kristen och ett ledarämne. Jämför med hur just vishetens Ande kvalificerade Josua till att bli ny ledare efter Mose.

Vishets Ande är också den smörjelse som gör att vi kan tala visdomens ord, den första av de 9 olika andliga nådegåvor som Paulus räknar upp i 1 Kor 12. I evangelierna läser vi hur Jesus vid olika tillfällen, tillrättavisar herodianer, fariséer och sadducéer, med några väl valda visdomens ord: *"Ge då kejsaren det som tillhör kejsaren, och Gud det som tillhör Gud. När de hörde detta blev de mycket förvånade och lämnade honom och gick sin väg. De förundrade sig över hans svar och hade inget att säga. Ni tar fel och förstår varken Skriften eller Guds makt. Ty vid uppståndelsen gifter man sig inte och blir inte bortgift, utan man är som änglarna i himlen. Men när det gäller de dödas uppståndelse, har ni inte läst vad Gud har sagt till er: 'Jag är Abrahams Gud och Isaks Gud och Jakobs Gud'? Han är inte en Gud för döda utan för levande. När folket hörde detta, häpnade de över hans undervisning. Sadducéerna vågade inte mer ställa någon fråga till honom. Vad anser ni om Messias? Vems son är han? De svarade honom: Davids. Då sa han till dem: Hur kan då David, driven av Anden, kalla honom Herre och säga: 'HERREN sade till min Herre: sätt dig på min högra sida, tills jag har lagt dina fiender under dina fötter.' Om nu David kallar honom sin Herre, hur kan då Messias vara hans son? Ingen kunde svara honom ett ord, och från den dagen vågade ingen längre fråga honom. När Jesus en sabbat gick in för att äta hos en av de ledande fariséerna, vaktade de på honom. Och se, en man som led av vatten i kroppen stod framför honom. Jesus frågade de laglärda och fariséerna: Är det tillåtet att bota sjuka på sabbaten eller är det inte tillåtet? Men de teg. Han rörde då vid mannen och botade honom och lät honom sedan gå. Och han sa till dem: Om någon av er har en son eller så bara en oxe som faller i en brunn, skulle han då inte genast dra upp honom, även om det vore sabbat? Det kunde de inte svara på."*

Jesus använde visdomens ord även till att överbevisa översteprästerna och fariséerna med, i Joh 8:3-9. Det var där han sa de kända orden: *"Den av er som är utan synd må kasta första stenen på henne."* Sedan står det att de *"kände sig överbevisade av samvetet"*, enligt 1917-års bibelöversättning i en not till texten, och i Reformationsbibeln. Det var inte bara av samvetet de blev överbevisade. Även att Jesus skrev i sanden, före och efter sitt svar till dem, var ett sätt att hänvisa till Jeremia 17:13 där det står att *"de som övergiver Herren, källan med det friska vattnet, är som en skrift i sanden"*!

Jesus lovar oss i Luk 21:15 att han *"ska ge oss sådana ord och sådan vishet att ingen ska kunna stå emot eller såga något emot."* Detta upplevde jag fungera redan tidigt i mitt kristna liv då jag var skolevangelist vid ett gymnasium. I en klass ville läraren "hjälpa" eleverna på traven med frågor. Han frågade något om allt dödande i Guds namn i Gamla Testamentet. Jag var relativt nyfrälst och blev överraskad av frågan. Men jag visste att det finns ett svar. Så jag gjorde som Jesus gjorde, bildligt talat. Jag "skrev i sanden" några ögonblick. Då hann jag lyssna in vad vishets Ande lade för svar i mitt sinne. Jag talade ut det i trons lydnad och alla blev nöjda med svaret!

I 2 Mos 33:13 bad Mose: *"Om jag alltså har funnit nåd för dina ögon, så låt mig se dina vägar och lära känna dig."* David skriver i Psalm 103:7 att *"Han lät Mose se sina vägar, Israels barn sina gärningar."* Dessa sammanhang handlar om vishets Ande. Det är en stor skillnad på att få se "Guds vägar"

16

respektive att få se "hans gärningar". Israels barn, Guds barn i allmänhet, får gärna se Guds gärningar, tecken och under. Men det är bara dem som lärt sig att uppskatta Gud för hans egen skull, som ber att få se hans vägar, att få lära känna honom, hur han tänker och handlar osv. Detta upplyser oss vishets Ande om. Vi har ju löftet från aposteln Jakob att: *"Om någon av er brister i visdom ska han be till Gud, som ger åt alla, villigt och utan förebråelser, och han ska få den."*

Salomo blev sin tids "världskändis" p.g.a. sin stora vishet. Hur yttrade den sig i hans liv? Det första tecknet på sin nyvunna vishet var hans domarvishet. Två skökor kom till Salomo och tvistade om vems barn det var som hade överlevt. De bodde tillsammans och hade fött var sin gosse med tre dagars mellanrum. Den ena av dem hade legat ihjäl sitt barn under natten och bytt ut sitt döda barn mot den andras levande. De bad kungen lösa deras tvist om vems barn det var som hade överlevt. Båda hävdade att det var deras barn som levde. I 1 Kon. 3:24 27 ser vi hur Salomo med hjälp av vishetens Ande löste tvisten genom att säga: *"Ta hit ett svärd. Hugg det levande barnet i två delar och ge den ena hälften till den ena och den andra hälften åt den andra. Men då sa den kvinna, vilkens son det levande barnet var, till kungen ty hennes hjärta upprördes av kärlek till sonen Hör mig herre, ge henne det levande barnet, döda det inte. Men den andra sa: Må det vara varken mitt eller ditt, hugg det itu. Då sa kungen: Ge henne det levande barnet, döda det inte. Hon är dess moder."*

Salomo hade alldeles före denna händelse bett till Gud om att få ett *"hörsamt hjärta"*, (1 Kon 3:9) så att han skulle kunna vara domare för Guds stora folk. I vers 10-14 svarar Gud honom: *"Det behagade Herren att Salomo hade bett om sådant. Och Gud sa till honom: Eftersom du har bett om sådant och icke om ett långt liv, ej heller bett om rikedom eller bett om dina fienders liv, utan har bett om att få förstånd till att akta på vad rätt är, se, därför vill jag göra såsom du önskar, se jag ger dig ett så vist och förståndigt hjärta att din like inte har funnits före dig."*

Detta hörsamma hjärta som Salomo bad om, hjälpte honom att lyssna in vishetens Andes tilltal, mitt i tankeströmmen, i form av visdoms ord. Enligt 1 Kon 4:31 var *"Salomo visare än Etan och Heman."* Det var dessa två som skrev Psalm 88 respektive 89. *"Salomo diktade 3000 ordspråk och 1005 sånger. Han talade om träden, från cedern ända till isopen. Han talade om fyrfotadjuren, om fåglarna, kräldjuren och om fiskarna."*

Med andra ord, vishets Ande kan även göra oss införstådda i skapelsens under och dess "predikan". Den kan även göra oss kreativa, poetiska, musikaliska, intelligenta, rättvisa, insiktsfulla, gudfruktiga, helgade, kunniga m.m. Med sådan salomonsk vishet istället för överandlighet eller lagiskhet, skulle dagens kristna kunna få arbetsgivare att prioritera anställning av kristna före ofrälsta! *"Jesus växte till i vishet, i ålder och välbehag inför Gud och människor"*, säger Lukas 2:52. Av detta ser vi hur grundläggande det är med vishet i våra liv. Utan vishet eller för lite av vishet i våra liv, kan inte Guds fulla välbehag vila över

18

oss. Inte heller ser då människorna på oss med välbehag. Helt enkelt därför att vi vandrar i ovishet. Vi utför då inte våra uppgifter och åtaganden med vishet. Det tar för lång tid för oss att fullborda det vi har fått att göra, därför att vi inte arbetar eller studerar rationellt och effektivt.

Vi tar felaktiga beslut, krånglar till det för oss eller saker misslyckas och går sönder. Vi saknar då nytänkande och innovativa idéer, o s v. Det blir ett dåligt vittnesbörd som kristna, om vi lever på detta sätt. Men tack och lov finns det en vishet att få från Gud som gör oss högpresterande och träffsäkra i allt vad vi håller på med, utan att ta ut oss! För Gud vill ge oss *"framgång och göra oss lyckosamma i allt vad vi företar oss,"* enligt Josua 1:7-9.

Enligt 1 Kon 4:30 var Salomos vishet större än alla österlänningars vishet och all Egyptens vishet. Vad innebär det? "Österlänningarna" syftar på babylonierna och deras astrologi och astronomireligion. "Egyptens vishet" syftar på allt från pyramidbyggarkonsten till faraonernas religion, som sas kunna ge evigt liv. Men vishets Ande gav Salomo en sådan andlig insikt i vetenskapliga, religiösa, ockulta och filosofiska ting, att han kunde urskilja sanning från osanning och lögn i alla dessa sammanhang. Den Anden behöver vi mycket av i våra dagar!

Jesus sa att *"Drottningen av Söderlandet ska vid domen träda upp mot detta släkte och bli det till dom. För hon kom från jordens yttersta gräns för att lyssna till Salomos vishet. Och se, här är vad som är mer än Salomo"*, enligt Lukas 11:31. Med detta menade han att i honom finns mer vishet att få än till och med hos Salomo. Det är ju också vad Paulus skriver till de troende i Kolosse, 2:3 *"I honom är vishetens och kunskapens alla skatter gömda."*

Drottningen av Söderlandet ska bli till en dom, inte bara det judiska släktet som var samtida med Jesus och inte tog emot honom. Hon kommer sannolikt även att fungera som en dom över alla som sedan dess i intellektuellt högmod och stolthet förkastat Jesus, evangelium, och den bibliska tron!

"Grekerna söker efter visdom", sa Paulus i 1 Kor 1:22. Han syftar på deras filosofer, som många gånger försvarade sakligt ohållbara påståenden med spetsfundiga resonemang. Filosof betyder vän av visdom. (*filo* vän, och *sofia* visdom.) Men utan vishetens Andes verk i ens egna tankar, blir det lätt endast ofruktbara teorier. Därför bad Paulus de kristna i Efesus att *"ta emot en vishetens och uppenbarelsens ande så att ni får en rätt kunskap om Gud,"* Ef 1:17.

Det är så lätt att tro sig ha fått en rätt kunskap om Gud fastän den är självuttänkt eller bara inlärd av andra genom böcker eller predikan, undervisning. Men all sann kännedom om Gud måste uppenbaras av vishetens Ande, för att den kunskapen ska kunna bära frukt.

Jakobs brev, kapitel 3:13-17 lär oss: *"Finns det hos er någon vis och förståndig man, så må han, i visligt saktmod, genom sin goda vandel låta se de gärningar som hövas en sådan man. Om ni åter i era hjärtan hyser bitter avund och är genstridiga, då må ni inte förhäva er och ljuga i strid mot sanningen. Sådan "vishet" kommer inte ned ovanifrån, utan är av jorden och tillhör de själiska människorna, ja, de onda andarna. Ty där avund och genstridighet råder, där råder oordning och allt vad ont är. Men den vishet som kommer ovanifrån, är först och främst ren, vidare fridsam, foglig och mild, full av barmhärtighet och andra goda frukter, fri ifrån tvivel, fri ifrån skrymtan."*

Det är vanligt att i falsk ödmjukhet nästan "skryta" om sina tvivel nuförtiden som kristen. Men varför det, när det finns en vishet att få som är fri ifrån tvivel? Även om en del bibelöversättningar inte säger "fri från tvivel", utan "opartisk" i Jakob 3:17, säger ändå Jesus själv i Johannes 20:27 *"tvivla inte, utan tro!"*

Likadant är det lätt att se om vi brister i vishet genom att fråga oss själva, hur är det med friden i våra hem, i våra äktenskap, i våra församlingar? Brister det i frid, är det ett bevis för att vi även brister i vishet från ovan. Då får vi utbedja oss mer av den vishet som är *"ren, fridsam, foglig och mild"*.

Job säger i Job 42:5 "att *Blott hörsägner hade jag förnummit om dig, men nu har jag fått se dig med egna ögon."* Det serveras tyvärr "hörsägner" även i våra dagar om Gud, från predikstolar och teologiska fakulteter. Vi behöver "få se Gud med egna ögon", innan vi verkligen vet något om honom. Det går inte att lita på denna världens vishet för att få kunskap om Gud. Paulus citerar från Jesaja 29:14 när han i 1 Kor 1:18 31 vill

21

åskådliggöra vägen till insikt om den bibliska trons grund, Jesu kors: "*'Jag ska göra de visas visdom om intet, och de förståndigas förstånd ska jag slå ner'... Bröder, se på er egen kallelse. Inte många av er var visa om man ser till det yttre, inte många var mäktiga, inte många av förnäm släkt. Nej, det som för världen var dåraktigt har Gud utvalt för att låta de visa stå där med skam...*"

"Vishet är att göra allt på bästa sätt," enligt Predikaren10:10. Hedegårds bibliska uppslagsbok från 1958, ger vishet följande definition: **"den praktiska tillämpningen av vetande. Förmågan att välja de bästa medlen för att förverkliga sina syften."**

Ett bra exempel på det återfinns i Apostlagärningarna 6:1-7 *"Vid den tiden då antalet lärjungar ökade, började de grekisktalande judarna klaga på de infödda judarna över att deras änkor blev förbisedda vid den dagliga utdelningen. Då kallade de tolv till sig alla lärjungarna och sa: Det är inte bra att vi försummar Guds ord för att göra tjänst vid borden. Nej, bröder, utse bland er sju män som är uppfyllda av Ande och vishet, så ger vi dem den uppgiften. Själva ska vi ägna oss åt bönen och åt ordets tjänst.... Och Guds ord hade framgång och antalet lärjungar i Jerusalem ökade kraftigt. Även en stor skara präster blev lydiga mot tron."*

Tänk att de första kristna ansåg en så pass "enkel syssla" vara i behov av andefyllda män! Deras kvalifikationer skulle vara att de var *"uppfyllda av Ande och vishet."* Att förslaget i sig också

22

var vist, det förstår vi av församlingens kraftiga tillväxt efter omorganiseringen. Råds Ande var säkert inblandad i apostlarnas förslag till hur man skulle lösa problemet med matutdelningen inom den egendomsgemenskap man hade.

Vishet är inte bara något för den invärtes, andliga människan. Även det yttre påverkas av den. *"Visheten gör människans ansikte ljust, genom den förvandlas det råa i hennes uppsyn,"* Pred 8:1. Det tycker jag mig ha sett många gånger. En ofrälst ung man kom in på ett väckelsemöte jag medverkade i. Han satte sig längst fram och jag la märke till hans "ankh" runt halsen. (En egyptiskt livssymbol. Den ser ut som ett kors men med en ögla i stället för den översta delen på korset.) Han var bister, allvarlig, såg under lugg och var allmänt reserverad och "tuff". Men han blev frälst under mötet. Efteråt vid kaffet la jag direkt märke till vilken förvandling hans utseende hade genomgått. Allt det råa i hans uppsyn var borta! Ansiktsmusklerna hade slappnat av, ögonen var milda, kroppshållningen var upprättad och ett fridsamt leende kunde skönjas.

Vi som har kommit längre på vägen än den nyfrälste mannen, kan fortsätta och "visliggöra" oss själva genom att följa vad psalmisten skriver i 119:98-100. *"Visare än mina fiender är, gör mig dina bud, ty de tillhör mig för evig tid. Jag är klokare än alla mina lärare, ty jag begrundar dina vittnesbörd. Jag är förståndigare än de gamle, för jag tar dina befallningar i akt."*

En av Jesu befallningar är att **vara vakande** i den yttersta tiden.

23

Vi som lever nu lever sannolikt i vad som kallas *"denna tidsålders avslutning"*, med allt vad det innebär! För oss **gäller det att vara visa**, enligt Upp 13:18. *"Den som har förstånd må räkna ut vilddjurets tal, ty det är en människas tal. Dess tal är 666."* Även på detta område ser vi hur viktigt det är med vishet och ett andligt förstånd för att kunna veta vem Antikrist är och när han är på gång att träda fram. Vi har fått mycken undervisning om s.k. andlig krigföring. Det är bra. Det behövs det säkert mer av i flera sammanhang. Jag har skrivit en bok om detta, med utgångspunkt från 2:a Världskriget.

Men i mycken litteratur om andlig krigföring saknas undervisning om hur Guds vishet, manifesterad i hans handlande i frälsningshistorien, är ett andligt vapen. Efesierbrevets tredje kapitel handlar om att *"hedningarna i Kristus Jesus och genom hans evangelium är våra* (judarna) *medarvingar och tillhör samma kropp som vi och har del i samma löfte."* Några verser längre fram i sin utläggning säger då Paulus: *"Så skulle Guds vishet i sin mångfald, nu genom församlingen göras känd för härskarna och väldigheterna i den himmelska världen."* Med andra ord: när vi proklamerar i bön, andlig krigföring, i vårt vittnesbörd, evangelisation och mission att Gud inte alls har förkastat judarna, utan att Han fortsätter att bygga Kristi kropp på *"apostlarnas och profeternas grund"* (som ju var judar) *"där hörnstenen är Kristus Jesus själv,"* med de hedningar (och judar!) som blir frälsta, då gör vi Guds mångfaldiga vishet känd för härskarna och väldigheterna i den himmelska världen!

Martin Luther var en stor akademiker. Han hade studerat både juridik, var magister, teologie doktor, hade en professur i filosofi och kunde både grekiska och hebreiska, översatte hela Bibeln själv, m.m. Han sa ändå att: "Guds visdom kan man inte finna någon annanstans än i hans Ord. Den som älskar det, sätter värde på och betraktar det, han är inte bara en av Gud upplyst doktor över alla andra världsvisa och lärda, utan han är också en domare över all visdom och lära, över djävul och människor."

Han fann ett "universitet" i Bibeln som vida översteg dem i Erfurt och Wittenberg! Ordspråksboken är Bibelns förnämsta vishetslitteratur. Den rekommenderar jag varmt. Låt mig få citera från Ords. 2:1-11. *"Min son, om du tar emot mina ord och gömmer mina bud inom dig, så att du låter ditt öra akta på visheten och böjer ditt hjärta till klokheten, ja, om du ropar efter förståndet och höjer din röst till att kalla på klokheten, om du söker efter henne såsom efter silver och letar efter henne såsom efter en skatt, då ska du förstå HERRENS fruktan, och Guds kunskap ska du då finna. För HERREN är den som ger vishet, från hans mun kommer kunskap och förstånd. Åt de redliga förvarar Han sällhet, Han är en sköld för dem som vandrar i ostrafflighet, för Han beskyddar de rättas stigar, och sina frommas väg bevarar Han. Då ska du förstå rättfärdighet och rätt och redlighet, ja, det godas alla vägar. För visheten ska dra in i ditt hjärta och kunskapen kännas ljuvlig för din själ, eftertänksamheten ska vaka över dig, klokheten ska beskydda dig."*

Även GT:s Apokryfernas "Visheten" och "Syraks bok" är utomordentliga visdomskällor. Luther säger om dem att de förvisso inte är kanoniska, men goda och nyttiga. Han hade dem själv som ett bihang i sin Bibel.

Kapitel 3: Förstånds ande

"Att känna den Helige är förstånd," enligt Ords 9:10. *"Jungfruns son, Immanuel, ska ha gräddmjölk och honung till mat till dess han förstår att förkasta vad ont är och utvälja vad gott är,"* enligt Jesaja 7:14-15. Salomo fick av Gud ett *"vist och förståndigt hjärta så att han kunde akta på vad rätt var,"* enligt 1 Kon 3:11-12. Med förståndet förstår man vad som är gott och rättfärdigt, respektive vad som är ont och orättfärdigt. *"Att fly det onda är förstånd,"* säger Job 28:28.

"Av dina befallningar får jag förstånd, därför hatar jag alla lögnens vägar," Ps 119:104. Det är alltså av Guds befallningar, av hans Ord, som vi får förstånd. *"Då dina ord öppnas, ger de ljus och skänker förstånd åt de enfaldiga,"* enligt Ps 119:130. Vi måste alltså bemöda oss med att öppna våra Biblar som ett första steg till förstånd. Men sedan måste även förstånds Ande uppenbara, förklara för oss vad vi läser, så att "trycksvärtan" blir Ande och liv. Därför bör vi be att Guds Ande ska vägleda vår bibelläsning och öppna, förklara, så att vi får ljus över Bibelns andliga sanningar.

"De enfaldiga" är de som är "enkla", enligt King James översättning. Det är bara de som har en ödmjuk och enkel, ärlig inställning till Guds Ord som blir betjänade av förstånds Ande till att *"få ljus och förstånd."* Vi kan alltså inte ha en översittarattityd till Guds Ord och tro oss förstå av egen kraft vad som är den rätta tolkningen och innebörden.

"Planerna i en mans hjärta är såsom ett djupt vatten, men en man med förstånd hämtar ändå upp dem," Ords 20:5. Vad Gud har ämnat oss till och vill med våra liv, är att likna vid dessa planer. Det går alltså att hämta upp djupt förborgade hemligheter i våra hjärtan, om vi har blivit smorda med förstånds Ande.

"En man med förstånd tiger stilla," Ords 11:12. Vad menas med det? Berättelsen i 3 Mos 10:3 om Arons söner som frambar främmande eld inför HERRENS ansikte ger oss ett svar. *"Då gick eld ut från HERREN och förtärde dem, så att de föll döda ned inför HERRENS ansikte. Mose sa då till Aron: Detta är vad HERREN har talat och sagt: På dem som står mig nära vill jag bevisa mig helig, och inför allt folket bevisa mig härlig. Och Aron teg stilla."*

Detta inträffade efter händelsen med guldkalven. Av den hade Aron lärt sig att lyda Guds ord och ödmjuka sig under hans allsmäktiga hand. Han lärde sig också att se hur nåderik Gud är när han förlät Aron hans synder med guldkalven. Aron blev upprättad av Guds nåd, Guds oförtjänta godhet. Han fick fortsätta i sin tjänst och ämbete inför Gud. Därför kunde han tiga stilla denna gång, fastän två av hans fyra söner dödades av Gud!

"Förstånd är att vara lugn till sinnes," enligt Ords 17:27. Mose svar till Aron var fyllt av vishet. Det hjälpte Aron att inse det rättmätiga i Guds handlande. Ords. 8:12 säger: *"Visheten är förtrogen med klokheten och råder över eftertänksam insikt."*

De villkor som gällde för Arons söner, gäller också idag. 1 Petr 4:17 säger att *"domen ska börja med Guds hus."* På dem som står honom nära kommer Han att bevisa sig helig. Det vill säga: ärkebiskopar, biskopar, apostlar, präster, pastorer, evangelister, profeter, bibellärare samt äldste, har alla en mycket ansvarsfull position nära Gud och hans Ord. Det för med sig ett helt annat ansvar för sina liv än för den vanlige församlingsmedlemmen. Av *"den som fått eller blivit betrodd med mycket, kommer det att utkrävas desto mer,"* säger Jesus i Luk 12:48.

"Jag vill ge er herdar efter mitt hjärta, och de ska föra er i bet med förstånd och insikt," Jer 3:15. Vi behöver pastorer som är smorda med förstånds Ande så de kan valla sin flock med insikt genom Bibelns och den kristna trons alla olika "klimat".

Alltför många herdar ger "sina får" ensidig kost, för magert bete, låter dem inte vila på gröna ängar och förmår inte leda dem till Livets vattenkällor där de kan finna ro. Endast med förstånds Ande kan en pastor vederkvicka församlingens själar och med insikt leda dem på rätta vägar. En pastor ska kunna trösta dem som vandrar i dödsskuggans dal, så att de inte fruktar något ont. En herde efter Guds hjärta kan bereda för församlingen ett bord i dess ovänners åsyn och smörja de troendes huvuden med olja. En sådan pastor förmår få fårens bägare att flöda över. Godhet och nåd skulle då följa den församlingens alla medlemmar i alla deras livsdagar. De skulle då alla få bo i HERRENS hus evinnerligen, ingen skulle falla av eller vara ljum.

Kapitel 4: Råds ande

Ett något oväntat och förvånande vittnesbörd om hur Gud genom *"råds Ande"* griper in i människans vardag och arbete, står i Jesaja 28:23-29. *"Lyssna och hör min röst, akta härpå och hör mitt tal. När åkermannen vill så, plöjer han då ständigt och hackar upp och harvar sin mark? Nej, tvärtom: sedan han har jämnat fältet, strör han ju där svartkummin och kastar dit kryddkummin och sår vete i rader och korn på dess särskilda plats och spält i kanten. Ty hans Gud har undervisat honom och lärt honom det rätta sättet. Man tröskar ju ej heller svartkummin med tröskvagn och låter ej vagnshjul gå över kryddkummin, utan klappar ut svartkummin med stav, och kryddkummin med käpp. Och brödsäden, tröskar man sönder den? Nej, man brukar inte oavlåtligt tröska den och driva sina vagnshjul och hästar däröver, man vill ju inte tröska sönder den. Också detta kommer från HERREN Sebaot; han **är underbar i råd** och stor i vishet."*

Vi behöver många gånger råd för att kunna genomföra våra planer och arbete. Psalm 32:8 säger *"Jag vill lära dig och undervisa dig om den väg du ska vandra. Jag vill ge dig råd och låta mitt öga vaka över dig."* Dessa Guds råd och undervisning återfinns i första hand i Bibeln, enligt Psalm 119:24: *"Dina vittnesbörd är min lust, de är mina rådgivare."* Men Guds råd kan också komma i våra tankar som visdoms ord, hur man bäst genomför en sak, vilket val som är bäst att göra, hur man löser ett problem, vilken taktik och strategi som är bäst, och så vidare. Även de första apostlarna behövde få råd från Gud. Så här skrev

Paulus: *"Vi är på allt sätt trängda men inte utan utväg, rådvilla men inte rådlösa,"* 2 Kor 4:8.

"Den oförnuftige tycker sin egen väg vara den rätta, men den som är vis lyssnar till råd," Ords 12:15. Jesus heter *"**Underbar i råd**,"* enligt Jesaja 9:6. *"Planer har framgång när de är väl överlagda, och med **rådklokhet** ska man föra krig,"* Ords. 20:18. *"En vis man är stark, och en man med förstånd är väldig i kraft. Ja med **rådklokhet** ska man föra krig, och där de **rådvisa** är många, där går det väl,"* Ords 24:5-6. *"Hos mig finns **råd** och utväg, jag är förstånd, hos mig är makt,"* Ords 8:14.

Hur mycket mer borde vi inte efter alla dessa bibelord förtrösta på Guds hjälp i form av goda råd, insikter, pedagogik, tekniska lösningar, uppfinningar, nya banbrytande sätt att hantera problem och kriser o.s.v! Råds Ande behövs även för att lösa dagens och morgondagens miljöproblem, befolkningsexplosion, m.m.

Ett uttryck som har med råds Ande att göra, är **rådslut**. Gud har innan tidernas begynnelse beslutat vissa rådslut. Dessa är hemliga enligt Upp 10:7. Men genom råds Ande kan de uppenbaras, avslöjas. Paulus sa om dessa rådslut att *"jag har inte undandragit mig för att förkunna allt Guds rådslut,"* Apg 20:27. Det finns alltså ett visst motstånd mot att få höra alla dessa rådslut. Det kan man förstå av hans formulering. Och visst är det så. Även i dag vill man inom stora delar av kristenheten inte höra talas om att *"HERREN är en domens Gud"* till exempel, enligt Jesaja 30:18. I okunskap, ovishet och

31

människofruktan tar man inte 1 Petr 4:17 på allvar, där det sägs att *"domen ska börja med Guds hus."* Många andra bibelord skulle kunna anföras till stöd för hur illa ställt det är med *"trons lydnad"* (Rom 1:5) nuförtiden.

Istället ska vi se på hur vi kan tackla detta problem. Psalm 73:16-17 säger: *"När jag nu tänkte efter för att begripa detta, syntes det mig alltför svårt, till dess jag trängde in i Guds heliga rådslut och aktade på deras* (de ogudaktigas) *ände."* Det går alltså att tränga in i Guds hemliga och heliga rådslut. Det är vad vi bör göra var och en. Vi kan be att få bli smorda med råds Ande till att kunna förstå Guds vägar på djupet, att tränga in i dem, som sagt.

Gud är kompromisslös i sitt upprätthållande av sina rådslut. De är för evigt beslutna. De är *"oryggliga, orubbliga"*. Genom att leta i Bibeln efter vad som är oryggligt beslutet av Gud kan man förstå vad dessa hans rådslut innehåller. Jesaja fick "äran" att två gånger, i 10:23 och 28:22, predika ett av Guds rådslut. *"Så upphör nu med er smädelse, för att era band inte ska bli ännu hårdare. Ty om förstöring och oryggligt besluten straffdom över hela jorden har jag hört från Herren, HERREN Sebaot."* Så all predikan om att EU t.ex. skulle vara begynnelsen på Jesu fridsrike (!), stämmer inte överens med Guds rådslut. Nej, vi lever nu i denna tidsålders avslutning, med allt vad det innebär. **Sedan** kommer 1000 års riket!

Ett annat av Guds rådslut finns att läsa i Psalm 111:7. *"Hans händers verk är trofasthet och rätt, oryggliga är alla hans*

32

ordningar." Vilka är Guds ordningar? De återfinns i hans *"händers verk".* Det vill säga skapelsen med dess skapelseordningar. En sådan skapelseordning är heterosexualitet. Predikaren 7:30 slår fast att: *"Dock se, detta har jag funnit, att Gud har gjort människorna sådana de borde vara, men själva tänker de ut många slags påfund."* Redan i skapelseberättelsen ser vi hur Gud befallde *"man och kvinna att vara fruktsamma och föröka sig."* Det finns bara två kön. Inte flera, som dagens homosexlobby hävdar! Efter syndafallet slog Gud fast att *"kvinnans åtrå ska stå till mannen,"* 1 Mos 3:16. Så något utrymme för lesbiskhet ger inte Bibeln.

Ytterligare ett rådslut som råds Ande vill ge oss insikt i, är det kristna hoppet om *"evigt liv."* Så här skriver Hebréerbrevets författare i 6:11-20. *"Men vår önskan är att var och en av er visar samma nit att intill änden bevara full visshet i sitt hopp, så att ni inte blir tröga, utan blir efterföljare åt dem som genom tro och tålamod får till arvedel, vad utlovat är. Ty när Gud gav löftet åt Abraham, svor Han vid sig själv eftersom Han inte hade någon högre att svära vid och sa: 'Sannerligen, jag ska rikligen välsigna dig och storligen föröka dig.' När denne tåligt förbidade, fick han så vad utlovat var. Människor svär ju vid den som är högre än de, och eden tjänar dem till bekräftelse och gör en ände på all tvist. Därför, när Gud ville för dem som skulle få till arvedel, vad löftet innebar, ännu kraftigare bevisa oryggligheten av sitt **rådslut**, la Han därtill en ed. Så skulle vi genom två **oryggliga** utsagor, i vilka Gud omöjligt kunde ljuga, få en kraftig uppmuntran, vi som har sökt vår räddning i att* *hålla fast vid det hopp* (evigt liv) *som ligger framför oss. I det har vi ett säkert och fast själens ankare, som når innanför förlåten, dit Jesus som vår föregångare har gått in för oss, i det han blev en överstepräst efter Melkisedeks sätt till evig tid."*

I Mika 4 profeteras det om Israels kommande storhet under Jesu 1000 åriga fridsrike. Det handlar de första 8 verserna om. Sedan följer i resten av kapitlet det som är upprinnelsen till Israels födslosmärtor och förlossning, innan Israels storhetstid inträder, vilket den första delen av kapitlet alltså handlar om. I vers 11 läser vi hur hednafolken församlar sig mot Jerusalem. Vers 12 förklarar varför Gud har tillåtit detta att ske: *"Men dessa känner inte HERRENS tankar, de förstår inte hans **rådslut**, att Han har samlat dem som kärvar till tröskplatsen."*

För att förstå Guds domar, måste vi ha råds Ande till hjälp. Det vittnar det ovan citerade om. Med råds Ande kan vi redan innan domen verkställs, förstå av tidens tecken vad som är på gång. Att vi som troende ska kunna förstå tidens tecken, ser vi av Jesu tillrättavisning i Lukas 12:56; *"Ni hycklare, jordens och himlens utseende förstår ni att tyda. Varför kan ni då inte tyda den här tiden?"*

Även omvändelse med tro och dop är ett rådslut. I Lukas 7:30 sägs att *"fariséerna och de lagkloka föraktade Guds rådslut ifråga om dem själva och lät inte döpa sig av honom."* De som förkastar evangelium eller låter Jesus vara en stötesten, "föraktar Guds rådslut ifråga om dem själva". För *"Gud vill att alla människor ska bli frälsta"*. Men i och med att dopet hör ihop

34

med, och är en bekräftelse på omvändelse och tro, går det inte att utesluta vuxendopet ur detta rådslut. Därför menar jag att även de som predikar barndop och i teologiska debatter går emot troendedopet, *"föraktar Guds rådslut"*. Detta gör de flesta säkert i okunskap och oförstånd. Men vi har ju varnats av Jesus i Matt 12:36, om att vi ska få *"stå till svars på domedagen för varje onyttigt ord vi talat."*

Det största och viktigaste rådslutet att tränga in i är naturligtvis *"Försoningen."* Den har många namn i Bibeln därför att den är så stort och omfattar alla områden i människans liv. Därför talar Skriften om försoningen i termer som: *"Jesu blod, korset, frälsning, friköpelse, syndernas förlåtelse, rättfärdiggörelse, tro, frid med Gud, pånyttfödelse, helgelse, Guds nåds evangelium, återlösning, benådning, förlossning."* Att det är i försoningen vi bäst kan lära känna God, ser vi i 2 Mos 25:21-22 där Herren säger till Moses: *"Du ska sätta nådastolen ovanpå arken och i arken ska du lägga vittnesbördet som jag ska ge dig. Där ska jag **göra mig känd för dig.** Från nådastolen, från platsen mellan de båda keruberna som står på vittnesbördets ark, ska jag **tala med dig** om allt som jag genom dig ska befalla Israels barn."* Ordagrant står det *"försoningsställe"* där det har översatts *"nådastol"*, och även i Rom 3:25 och i Hebr. 9:5 som citerar detta ställe.

Det skulle gå långt utanför denna boks ämne att förklara alla dessa termer, därför rekommenderar jag böcker som redan är skrivna om dessa saker. Framförallt vill jag då rekommendera

"Kristi dyra återlösningsverk" av Martin Luther, och "Jesu blod" av William Reid. Låt mig bara få citera två ställen från Apostlagärningarna om Försoningens rådslut. Apg 2:23 säger: *"Efter Guds fastställda plan och beslut blev han utlämnad, och med hjälp av dem som inte har Lagen spikade ni fast honom på korset och dödade honom."* Apg 4:28 *"de församlade sig till att utföra allt vad din hand och ditt rådslut förut hade bestämt skulle ske."*

Vi ser alltså att alla Guds rådslut är förutbestämda och fastställda efter en plan som HERREN har tänkt ut i sin vishet. Till att kunna förstå och tränga in i sådana visa rådslut, krävs råds och uppenbarelsens Ande. Då får vi *"tillträde till HERRENS råd, så att vi kan förnimma och höra hans ord,"* enligt Jer. 23:18. Med hjälp av den smörjelsen kan vi bättre förstå Guds rådslut vad gäller den väckelse vi ber om och den profetiska tidsplanen för det som hör samman med Jesu återkomst, judarnas frälsning o.s.v. *"Mitt rådslut ska gå i fullbordan, och allt vad jag vill det gör jag,"* Jesaja 46:10.

36

Kapitel 5: Starkhets ande

Många av våra lovsånger besjunger denna smörjelse. T.ex. *"Herren är min starkhet"*, *"Fröjd i Herren är vår starkhet"*, "När jag är svag då är jag stark i Dig". Paulus skriver att vi bör: *"Vaka, stå fasta i tron, vara manliga och starka,"* 1 Kor 16:13. Likaså manar oss Ords 24:10 *"Låter du modet falla när nöd kommer på, så saknar du nödig kraft."* Vad innebär det då som kristen att vara "manlig"? Först och främst måste vi förstå att den starkhet som Gud efterfrågar i våra liv, inte är den fysiska eller mentala starkheten. Nej, det står om Johannes döparen att han som barn *"växte upp och blev allt starkare i anden."*

Av den anledningen bad Paulus för de troende att Fadern skulle *"ge dem kraft och styrka till deras invärtes människa* (anden)," Ef. 3:16. Det handlar alltså om att ha en stark tro, moral, heder, rent samvete, karaktär, inre resning till hela ens personlighet och integritet. Ju starkare vi blir i vår ande, desto mer kärlek kan vi visa och återspegla från Gud. En sådan kristen har många gånger åsikter som är raka motsatsen till vad som är vanligt och "inne" eller "politiskt korrekt" nuförtiden.

Till exempel handlar det om att våga stå upp för de ofödda barnens rätt till liv. Det är också att stå emot all homosexpropaganda, könsförvirring och påståenden om att alla religioner är lika bra och sanna, o.s.v. Starkhets Ande behöver vi också för att orka *"stå emot synden ända till blods"* i våra liv som Hebr 12:4 uppmanar oss till. Ords. 21:29 säger *"En ogudaktig man uppträder fräckt, men den redlige vandrar sina*

37

vägar ståndaktigt." Starkhets Ande gör oss ståndaktiga och redliga.

Att vara *"manligt stark"* handlar också om att våga erkänna synder, fel och brister, våga ta egna beslut, stå för sanningen och för sin tro samt att ta ansvar för sina gärningar och för sin familj. Detta har den kristna mansrörelsen "Promise Keepers" i USA förstått ordentligt. Vi kan lära oss mycket om denna smörjelse genom att se på Jesus naturligtvis. Han var oerhört stark mot alla sorters religiösa överdrifter, kärlekslöshet, självrättfärdighet, lagiskhet, tradition och annat som hade tagit bort livet och glädjen ur den judiska gudstron.

Likaså borde vi vara starka motståndare till all formalism, ytlighet, religiösa tvångströjor och andra inskränkningar av *"friheten i Kristus"*, som finns inom kristenheten. För *"till att vara fria har Kristus frigjort oss. Stå därför fasta och låt icke något nytt träldomsok läggas på er,"* Gal 5:1. Paulus var enormt stark i sin kamp för de hednakristnas rätt att slippa omskära sig. Han var kompromisslös i sin kamp mot alla religiösa "småpåvar" som redan då fanns i församlingen. Han gick offentligt emot det religiösa hyckleri som till och med Petrus och Barnabas hade gjort sig skyldiga till, enligt Galaterbrevet 2:11-14.

Liksom Jesus *"nitälskade"* för Guds ord, för Guds rike, för syndarnas rätt att bli frälsta, nitälskade även Paulus. Det bör vi göra också. Men den svenske mannen har blivit så "tillplattad", för att citera den amerikanske mansforskaren John Michaels.

38

Han har regelbundet sedan 1987 hållit mansseminarier i Sverige. Han säger i DN 5/3 1991 att han aldrig mött så tillplattade män som de svenska! Det som orsakat sekulära karlar att stanna i sin mognad till män, har säkert även påverkat oss kristna män i Sverige.

För att råda bot på detta kan vi vända oss till starkhets Ande, så att vi börjar nitälska för sanningen, för evangelium, för Kristi kropps enhet o.s.v. "*Jag förtärs av nitälskan, därför att mina ovänner glömmer dina ord... Gör mina steg fasta genom ditt tal, och låt ingen orätt vara mig övermäktig,*" Ps 119:139, 133. Även här vill jag rekommendera de böcker som redan är skrivna i ämnet sann manlighet. Det är framförallt Ed Coles böcker "Maximal manlighet", "Mod, en bok för hjältar", "Att vara man", samt "Varje mans kamp", utgivna på Livets Ords Förlag. Även min bok "Vad är sann manlighet?" kan jag rekommendera.

Kyrkohistorien har många exempel på kristna vilka skickat sig som män. Tänk bara på William Booth, Frälsningsarméns grundare. Vad han och alla de första generationerna frälsningssoldater fick ta emot mycken kritik av samfundskristna ledare och andra "förståsigpåare"! Deras huvudbonader var gjorda i plåt som skydd mot alla stenar och annat som kastades mot dem från hustaken!

De fördömdes för de djärva och profetiska sätt som Frälsningsarmén hittade på för att på alla möjliga sätt nå ut med evangeliet till de *"förlorade fåren"*, bedriva social verksamhet eller ändra på orättfärdig lagstiftning.

Jag rekommenderar boken "Guds general" av Richard Collier, utgiven på XP-media men som även kan köpas på antikvariat och på www.bokborsen.se. I Ef. 6:10-18 ger Paulus alla troende en fin undervisning i hur vi blir starka i Herren och i hans väldiga kraft. Det handlar där om att ta på sig hela Guds vapenrustning varje dag. Det hjälper oss starkhets Ande med. Dessa verser innehåller också en klar undervisningen om så kallad "andlig krigföring". Istället för att gå igenom det här, rekommenderar jag böcker som redan skrivits i ämnet. T.ex. kan nämnas "Andlig krigföring", av Larry Lea, Salt & Ljus Förlag, samt "De tre slagfälten" av Francis Frangipane.

Jesaja 28:6 säger att *"HERREN Sebaot är en rättens Ande för den som skipar rätt och en starkhetsmakt för dem som driver fienden på porten."* Rättens Ande bör vi bedja om för dem som arbetar inom rättsväsendet. Genom starkhets Ande kan

40

HERREN Sebaot (härskarornas HERRE) bli en "starkhetsmakt" för förebedjare och för dem som arbetar inom försvaret. Då ska vi kunna driva alla slags fiender på porten! *"Herrens ögon sveper över hela jorden, för att han med sin kraft ska bistå dem som med sina hjärtan hängiver sig åt honom,"* 2 Krön. 16:9.

Kapitel 6: Kunskaps ande

Betoningen på denna smörjelses namn bör ligga på HERRENS kunskap. Det handlar om en kunskap som är hans, som Han ger oss. Alltså inte en kunskap om Gud i allra största allmänhet, teorier, teologier. Mycket av sådan kunskap uppblåser. Sann kunskap om HERREN gör att vi *"älskar Gud och blir kända av honom"*, säger Paulus i 1 Kor 8:3. I Matteus 16:15-19 framgår det tydligt vilken skillnad det är på kunskap och Kunskap. På Jesu fråga om *"Vem säger då ni mig vara? svarade Petrus Du är Messias, den levande Gudens Son."* Den kunskapen om Jesus var helt ny för Petrus och Jesus hade aldrig själv sagt de orden till lärjungarna. Därför prisar han Petrus salig för den sortens Kunskap om Jesus. Han sa *"kött och blod* (människor, böcker eller studier) *har inte uppenbarat detta för dig, utan min Fader som är i himmelen."*

Det är från detta Jesusord som Paulus fått sitt begrepp *"uppenbarelsekunskap"*, som grundtextens ord "epignosis", i Ef 4:13 och Kol 1:9, betyder. *Epi* betyder ovanpå och *gnosis* betyder kunskap. Gnosis kommer från *"Kunskapens träd på gott och ont"*. Men Epignosis kommer från *"Livets träd"*! Gud befallde Adam (och hela mänskligheten efter honom, logiskt sett!) att *"inte äta av Kunskapens träd på gott och ont."* Låt oss lyda det förbudet.

Om Samuel står det i 1 Sam 3:7 att *"han ännu inte hade lärt att känna igen HERREN, och ännu hade inte något HERRENS ord blivit uppenbarat för honom."* Så fastän den unge Samuel hade börjat tjänstgöra hos prästen Eli och hade kunskap om Gud, hade han varken lärt sig att känna igen Guds röst eller fått något Gud Ord uppenbarat för sig! Det är som det står i Ps 119:130 att: "*När dina ord öppnas, ger de ljus och förstånd.*" Därför borde vi be med psalmistens ord i 119:29 "*förunna mig din undervisning.*" HERRENS kunskaps Ande är det som förunnar oss Guds undervisning genom att upplåta, öppna upp Bibelns ord för oss "*så vi förstår undren i hans lag*", Ps 119:8. En sådan kunskap går ned i hjärtat, i den troendes ande och bär evighetsfrukt. Till skillnad från teoretisk kunskap om Gud som stannar i sinnet och många gånger bara är "*trä, hö och strå*", se 1 Kor 3:10-15. I sämsta fall uppblåser sådan kunskap den troende. Naturligtvis kan man få uppenbarelsekunskap även genom att läsa kristna böcker, studier och höra på en predikan. Men Gud vill även att vi ska kunna gå till källan själva för att hämta upp levande ord från Herren. Att vi kan mata oss själva med "*oförfalskad andlig mjölk och stadig mat*", liknelsevis talat.

I 2 Mos 31:1-5 ser vi hur Gud uppenbarar att han har smort och uppfyllt en man med: "*Guds Ande, med vishet och förstånd och kunskap och med allt slags slöjdskicklighet till att tänka ut konstarbeten, till att arbeta i guld, silver och koppar, till att snida stenar för infattning och till att snida i trä, korteligen till att utföra alla slags arbeten... och åt alla era konstförfarna män har jag givit vishet i hjärtat.*"

Detta är en kunskap från Gud om hur Han vill ha vissa saker

utförda. Tabernaklet fick inte vara något hastverk utan det skulle vara ytterst proffsigt tillverkat och utfört. På samma sätt vill Gud att även våra medel vi använder till att förhärliga Honom med ska vara "uttänkta och utförda" i den helige Andes kraft. Sådant arbete imponerar och väcker intresse för vår tro. Paulus nämner i Rom 11:11 om *"avund"* hos judarna, när vi kan uppvisa en himmelsk vishet, kunskap och förstånd i vår evangelisation, mission, predikningar, lovsång och annan gudstjänst.

Ordspråksboken 2:1 6 säger; *"Min son, om du tar emot mina ord och gömmer mina bud inom dig, så att du låter ditt öra akta på visheten och böjer ditt hjärta till klokheten, ja, om du ropar efter förståndet och höjer din röst till att kalla på klokheten, om du söker efter henne såsom efter en skatt ... Guds kunskap ska du då finna. Ty HERREN är den som ger vishet, från hans mun kommer kunskap och förstånd."*

Hosea 4:1 innehåller en straffpredikan mot Guds dåtida församling. *"Hör HERRENS ord, ni Israels barn. Ty HERREN har sak med landets inbyggare, eftersom ingen sanning och ingen kärlek och ingen Guds kunskap finns i landet."* Egentligen är detta ett mycket märkligt påstående om man ser det ytligt. Naturligtvis måste det ha funnits kunskap om Gud i Israel på den tiden hos präster och leviter m.fl. Men det var inte den sortens kunskap om Gud som gör hjärtat mjukt och ger oss en nåderik inställning till vår nästa. Det är den sortens Guds kunskap Han söker hos oss också. Hosea fortsätter i kapitel 6 vers 6 med att förklara för folket att *"Gud har behag till kärlek*

och icke till offer, till Guds kunskap mer än till brännoffer."
Detta bibelrum citerade Jesus ofta i sin svidande kritik av alla
religiösa experter. Se t.ex. Matt 9:11-13 och 12:7.

Som tidigare är sagt under avsnittet om Vishets Ande behöver vi
be härlighetens Fader om en *"vishetens och uppenbarelsens
Ande till en rätt kunskap om Gud,"* enligt Ef. 1:17. Den rätta
kunskapen om Gud måste man utbedja sig om på ovan angivna
sätt, därför att *"alla vishetens och kunskapens skatter är gömda i
Kristus,"* enligt Kol. 2:3.

Kol. 3:10 säger att vi *"förnyas till en sann kunskap och blir en
avbild av vår Skapare."* Paulus förmanar sin lärjunge i 1 Tim.
6:20 att *"bevara det som har överlämnats åt dig, och vänd dig
bort från det oandliga, tomma pratet och invändningarna som
kommer från det som kallas kunskap* (gnosticism) *utan att vara
det. Somliga har kommit bort från tron genom att bekänna sig
till den kunskapen."*

Med andra ord: det är stor skillnad på gudskunskap och Guds
kunskap! Inte undra på att Jesus kunde säga till Israels mest
kunniga i den bibliska tron: *"Ve er, ni laglärda! Ni har tagit bort
nyckeln till kunskapen. Själva har ni inte kommit in, och dem
som är på väg in har ni hindrat,"* enligt Lukas 11:52. Är det
likadant idag månne?

Daniel 12:4 säger att *"försegla denna skrift intill ändens tid;
många kommer att rannsaka den och insikten ska så växa till."*
"Kunskapen ska öka", enligt King James-översättningen av

45

samma ställe. Vilket härligt löfte för oss som lever i ändens tid! Det profetiska Bibelordet ska förbli förseglat intill våra dagar. Då ska många rannsaka Skrifterna och kunskapen växa till. Detta är ju en exakt beskrivning av vad som hänt under detta århundrade. Läran om de yttersta tingen, eskatologi, har väl inte rönt så stort allmänt intresse som under just 1900-talet och 2000-talet! Väldigt tydligt efter 1:a och 2:a världskrigen. Men framför allt har intresset för och kunskapen om den bibliska eskatologin accelererat enormt i och med staten Israels återuppståndelse 1948. Det var ett andligt dråpslag från Himlen mot all ersättningsteologi. En annan topp av intresse för bibelns profetior blev det efter 6-dagarskriget 1967 då Jerusalem återtogs av Israel och blev dess huvudstad, för det är *"den store konungens stad"* enligt Psalm 48:3 och Matteus 5:35. Ännu en höjdpunkt av intresse för dessa saker nåddes i och med kriget om Kuwait 1991. Då lät Vita Huset i USA köpa in flera exemplar av den amerikanske bibelläraren J.F. Walvoords bok "På väg mot Harmagedon"!

Nådegåvan kunskapens ord däremot, är övernaturlig kunskap om människors behov, sjukdomar, smärtor, lidanden, problem, situation, namn, bakgrund o.s.v. Den sortens information uppenbaras av den helige Ande till den förebedjande och betjänande troende. Även här finns det redan böcker skrivna om nådegåvorna som jag hellre rekommenderar än att gå utanför mitt egentliga ämne för denna bok. Till exempel "Den helige Ande min hjälpare" av David Yonggi Cho.

Kapitel 7: Gudsfruktans ande.

Fortsättningen på den messianska profetian i Jesaja 11:1-2 lyder: *"Han ska ha sitt välbehag i HERRENS fruktan,"* enligt vers 3. Med detta menas i första hand att Jesus själv älskar att leva i gudsfruktan, d.v.s. en helig respekt för Gud och hans vilja. Detta skyddade Jesus från att falla i överandlighetens dike genom att ha sitt välbehag på fel ställe, i fel saker, till fel smörjelse. Om Jesus hade haft sitt välbehag i starkhets Ande till exempel så hade Åklagaren kunnat komma åt honom på något sätt. För då hade Jesus i brist på gudsfruktan gjort något som hade lett till en synd i hans liv!

Men tack och lov satt alla smörjelserna i hans liv i perfekt turordning och med rätt betoning på HERRENS fruktan. Likadant är det med oss. Vi måste ha vårt välbehag i gudsfruktan, annars kommer vi förr eller senare att synda.

Att Jesus hade sitt välbehag i HERRENS fruktan, betyder även att han har en speciell kärlek till dem han finner gudsfruktan hos. Gudsfruktan är någonting mycket positivt. Det handlar inte om att vara rädd för Gud. Både änglar och Jesus tilltalar ofta de troende med **Frukta inte!** Men ändå ska vi frukta Gud. Hur går det ihop?

Sakarias profeterar i Luk. 1:74 att judarna skulle få *"tjäna honom utan fruktan"*. Det är alltså skillnad på fruktan och gudsfruktan. Gudsfruktan innebär inte bara att ha stor respekt för Gud. Det innebär också att ha respekt för all sorts överhet.

47

Även föräldrar (3 Mos 19:3, Ef. 6:1-3), den styrande överheten (Rom 13) samt arbetsgivare (Ef. 6:5, Kol. 3:22, Tit. 2:9 12, 1 Petr. 2:18), ska respekteras och lydas i gudsfruktan.

Vad är då gudsfruktan, rent konkret? Paulus ger oss en definition i 2 Kor 5:10-11. *"Ty vi måste alla träda fram inför Kristi domstol, för att var och en ska få igen vad han har gjort här i livet, gott eller ont. Då vi alltså vet vad det är att frukta Herren..."* Gudsfruktan hör alltså ihop med kunskapen om att det kommer en domens dag för alla människor. En undervisning i skolan om 10 Guds bud, som inte är kopplad till Guds Allsmäktighet, Kristi domstol och gudsfruktan, är bra men inte tillräcklig. Det blir då mest en inlärning av 10 regler för dess egen skull. Dessa bud måste ses i perspektivet av sådd och skörd (Gal 6:7-10) samt Guds rättvisa dom efter livet slut.

Vi kan ta en bild från vår tids dagliga verklighet för att illustrera hur gudsfruktan fungerar. I trafiken verkar åsynen av en polisbil, direkt och märkbart lugnande på alla trafikanter. Likadant är det med den människa som har Gud för ögonen hela tiden. Hon syndar inte, överträder inga lagar. En gudfruktig människa väljer att göra gott istället, för hon är medveten om lönen och har fäst sina ögon på den.

En annan mycket god definition av vad gudsfruktan är, formulerar pastor Francis Frangipane i sin bok *Herrens hus.* "Herrens fruktan, det är när människans själ har gått igenom korsfästelsen av egenlivet och högmodet, och i naken sårbarhet står med bävan inför den Allsmäktige. Det är en levande medvetenhet om att Gud ser allt. Denna genomträngande upptäckt markerar början på den heliga vägen som leder till sann visdom. Men att lära känna den levande Guden på detta sätt är inte en hemsk erfarenhet, för likt en fjäril som flyger ut ur sin brustna kokong blir själen fri från köttets fängelse till att leva efter Anden. Trots alla de mäktiga nådegåvor genom vilka Jesus uppenbarade Guds kraft, hade han *'sitt välbehag i Herrens fruktan'*. Ja, detta är det underbara med en människa som lever i gemenskap, inte med sin religion, utan med sin Gud. I detta tillstånd är den människa som lever i lydnad oövervinnerlig. Har inte detta i själva verket varit vårt problem: fienden fruktar inte för församlingen därför att församlingen inte fruktar Herren. När Herrens fruktan återvänt till oss, kommer en fasa för Herren att komma över våra fiender. Herrens fruktan är vår vishet."

Psalm 119:120 säger: *"Av fruktan för dig ryser mitt kött, och jag räds för dina domar."* Tänk om våra politiker och näringslivets toppar vore så till sinnes som psalmisten säger om sig själv! Då skulle det se totalt annorlunda ut i vårt land. Likadant skulle kristenheten med dess ledare må bra av att i gudsfruktan *"korsfästa köttet med dess gärningar som är så typiska för oss troende: fiendskap, kiv, avund, vredesutbrott, gräl, splittringar, villoläror,"* enligt Gal. 5:20.

Många domar, ja kanske alla domar över enskilda kristna eller kristna organisationer, skulle kunna undvikas om vi har vårt *"välbehag i HERRENS fruktan."* Har vi vårt välbehag i tecken och under, kraftgärningar eller profeterande, kommer vi förr

49

eller senare att hamna snett den dagen vi utsätts för frestelser som vi inte lever i fullständig seger över. På grund av att vi har vårt välbehag på fel ställe, ser vi då inte i frestelsens stund vad som kommer att bli konsekvensen av att kompromissa med synden. *"Genom HERRENS fruktan undflyr man det onda,"* Ords 16:6. I gudsfruktan finns en källa med kraft till självbehärskning och eftertänksamhet, vilken hjälper oss att stå emot frestelsen. Gör vi inte det, blir vi *"havande med begäret som sedan föder synden, och när synden har blivit fullmogen framföder hon död,"* enligt Jak 1:15. Redan Mose fick vid emottagandet av de 10 budorden veta att *"Gud har kommit för att sätta er på prov, och för att ni ska ha hans fruktan för ögonen, så att ni inte syndar,"* 2 Mos. 20:20.

Francis Frangipane ger ett tragiskt exempel på vad bristande gudsfruktan kan leda till, i sin bok *De tre slagfälten*. Han var pastor för en viss organisation under 1970-talet. Han märkte hur tolerans mot sexuella synder kommit in i rörelsen. Han gick till grundaren för rörelsen och delgav honom sina farhågor, men han blev avfärdad. Tre månader senare gick han till styrelsen med samma sak på sitt hjärta och varnade dem under tårar för Guds dom om de fortsatte att tolerera synden. Men han blev än en gång avfärdad och även avsatt som pastor några månader senare, samt utesluten ur rörelsen. En tid därefter skilde sig ledaren från sin hustru och gifte sig med sin sekreterare inom ett år. Efter två år dog han i prostatacancer. Hade ledaren haft sitt välbehag i HERRENS fruktan, skulle det hjälpt honom att ödmjuka sig under och lyda det 7:e och det 10:e budet om att inte begå äktenskapsbrott respektive att inte ha begär till sin nästas hustru! På så sätt hade han befästs i *"trons lydnad"*. Psalm 111:10 säger: *"HERRENS fruktan är vishetens begynnelse, ett gott förstånd får alla de som gör därefter."* Gudsfruktan tar sig bland annat uttryck i att vi lyder Guds bud och är görare av hans Ord.

"Vi bedrar oss själva om vi inte är Ordets görare", säger Jakob 1:22. Höjden av gudsfruktan visade Abraham när han var beredd att, i trons lydnad för vad Gud hade befallt, offra sin son Isak. Herrens ängel stoppade honom från att slakta sin son, med orden:*"Nu vet jag att du fruktar Gud, då du inte ens har undanhållit mig din ende son."*

Vi som är inneslutna i det nya förbundet i Jesu blod, har fått fantastiska löften om alla olika sorters välsignelser från Gud. Även gudsfruktan är en sådan enligt Jeremia 32:39-40. *"Jag ska ge dem alla ett och samma hjärta och lära dem en och samma väg, så att de fruktar mig beständigt, för att det må gå dem väl och deras barn efter dem. Jag ska sluta med dem ett evigt förbund, så att jag inte upphör att följa dem och göra dem gott, och min fruktan ska jag inge i deras hjärtan så att de inte viker av ifrån mig."* Här ser vi hur viktigt det är med gudsfruktan för att det ska gå oss väl i livet som kristna och som människor.

Sefanja 3:7 säger; *"Jag sa till henne att endast frukta mig och ta emot tuktan. Då skulle hennes boning undgå förstörelse, med allt vad jag hade givit i hennes vård."*Avfällighet har sin grund i brist på gudsfruktan, som i sin tur naturligtvis beror på en bristande undervisning om vem Gud är. Jesaja 66:2 säger: *"Men till den skådar jag ned....som fruktar för mitt ord."* Häri brister stora delar av dagens kristenhet. Liberalteologin och andra avarter av teologi hyser alldeles för lite gudsfruktan för Bibelns Ord. Man förklarar bort och omtolkar precis som man vill för att det ska passa sina politiska-, eller teologiska syften.

Ett tragiskt exempel på att inte frukta för Guds ord, är professor Albrektsson, ordförande i statliga Bibelkommisionen som gjorde NT-81, Bibel-82 och Bibel 2000. Enligt honom är Bibeln grundad på: *"sagomotiv av främmande ursprung med underhållande syfte, sägner och legender med i många fall obefintlig historisk kärna."!* Källa: Svenska Folkbibelns nyhetsbrev. Inte undra på att han betecknar sig som ateist nuförtiden!

Ett bibelord som sådana kristna borde titta lite närmare på är 2 Tim 3:15-17. *"Du känner från barndomen de heliga Skrifterna som kan göra dig vis, så att du blir frälst genom tron i Kristus Jesus. Hela Skriften är utandad* (inspirerad) *av Gud och nyttig till undervisning, till bestraffning, till upprättelse och till fostran i rättfärdighet, för att gudsmänniskan ska bli fullt färdig, väl rustad för varje god gärning."*

Paulus uppmanar Timoteus att öva dig själv i gudsfruktan, enligt 1 Tim 4: 7-9. *"Kroppsövningar är i någon mån nyttig, men gudsfruktan är på allt sätt nyttig, eftersom den har med sig löfte om liv, både för den här tiden och den tillkommande. Det ordet är tillförlitligt och på allt sätt värt att tas emot."*

I sitt andra brev till Timoteus skriver Paulus om människorna i de sista dagarna, att de bl.a. ska *"ha ett sken av gudsfruktan men förneka dess kraft. Håll dig borta från dem!"* Aposteln hävdar alltså att det finns en kraft i gudsfruktan. Den kraften ger framför allt seger över synden och frestelserna i världen, köttets lustar och ögonens begärelser i våra liv. Gudsfruktans kraft hjälper till att förlösa den helige Andes gåvor och frukt. Dessa gåvor och frukter förutsätter nämligen helgelse, därför att det är den helige Ande som ger dem.

Att denna beskrivning av den sista tidens människor är sant profetisk av Paulus, ser vi tydligt på världens barn men tyvärr även på Kyrkans människor! Just denna förnekelse av gudsfruktans kraft har lett till att hela samfund nuförtiden godkänner synder, och även teologiskt försvarar sådana, som för ett par decennier sedan var fullständigt otänkbara att acceptera!

Profeten Malaki ger oss underbara löften i 3:16, 4:2 *"Men samtidigt har också de som fruktar HERREN talat med varandra, och HERREN har lyssnat på dem och hört dem, och en minnesbok har blivit skriven inför hans ansikte till påminnelse om dessa som fruktar HERREN och tänker på hans namn. Och dessa, säger HERREN Sebaot, ska jag ha som min egendom på den dag då jag utför mitt verk, och jag ska skona dem, som en Fader skonar sin son som tjänar honom. Och ni ska då åter få se vilken skillnad det är mellan den rättfärdige och den ogudaktige, mellan den som tjänar Gud och den som inte tjänar honom. Ty se, dagen kommer, och den ska brinna*

53

som en ugn. Då ska alla fräcka människor och alla som gör vad ogudaktigt är, bli som strå, och dagen, den som kommer, ska förbränna dem, säger HERREN Sebaot, så att varken rot eller krona lämnas kvar av dem. Men för er, ni som fruktar mitt Namn, ska rättfärdighetens sol gå upp med läkedom under sina vingar. Då ska ni slippa ut och hoppa som kalvar, som har varit instängda i stallet."

En ogudaktig människa är enligt Bibelns språkbruk en ofrälst människa som inte aktar på Guds existens och domsmakt. För en kristen människa är motsatsen till gudsfruktan, människofruktan. Människofruktan ledde kung Saul in i oväntade och grova försyndelser. I 1 Sam. 15:24 erkänner Saul sin synd inför profeten Samuel med orden: *"Jag har syndat därmed att jag har överträtt HERRENS befallning och handlat emot dina ord. Ty jag fruktade för folket och lyssnade till deras ord."*

I vers 22-23 radar Samuel upp de 10 försyndelser som människofruktan i kungens liv vid detta tillfälle förde med sig. De var: *"olydnad, ohörsamhet, genstävighet, trolldomssynd, motspänstighet, avguderi, husgudsdyrkan, förkastande av Guds ord, överträdelse av HERRENS befallning,* samt *handlande emot profetens ord!"*

Detta är inte bara en historisk händelse. Nej, *"det som hände dem tjänar som exempel och skrevs ner för att varna oss som har världens slut inpå oss,"* enligt 1 Kor 10:11. Även Romarbrevets förklaring i 15:4 gäller här: *"Ty allt som tidigare har skrivits är skrivet till vår undervisning, för att vi genom den uthållighet och tröst som Skrifterna ger, ska bevara vårt hopp.*" Alltså är detta en lärdom för oss att ta varning av.

Speciellt för kristna ledare är gudsfruktan istället för människofruktan, en mycket viktig sak att förstå. Och som sagt, att *"öva sig i"*. För i Uppenbarelsebokens församlingsbrev till de troende i Laodikeia, 3:14-20, har vi en s.k. eskatologisk förebild på den sista tidens kristna. Namnet **Laodikeia**, (eller Laodicea) är en ordsammansättning av de grekiska orden laos = folk, och Dike = namnet på rättvisans gudinna inom den grekiska mytologin. Det vill säga: "Folket dömer och avgör", majoritetsbeslutskyrkan. En sådan kyrka låter *"Människotankar"* (Matteus 16:23) istället för *"uppenbarelse"* (Matteus 16:17) avgör vad som är rätt och fel, sant och falskt evangelium i en sådan kyrka. Dagens svenska kristenhet uppvisar mycket av ett obibliskt föreningsväsende med majoritetsbeslut istället för en Andeledd äldstekår. Om 51 % av församlingen anser att det är rätt med sex före äktenskapet (det Bibeln kallar otukt), då blir det en sådan kyrkas lära. Eller om tillräckligt många i en högröstad minoritet går emot läran om t.ex. uppryckandet eller Israels fortsatta roll i Guds frälsningsplan, så vågar många inte, *"i kraft av Kristi ord"*, predika det längre. Nej, istället måste vi få ledare som vågar säga*: "Den helige Ande och vi har beslutat..."* Apg 15:28.

Människofruktan har sin rot i feghet. Det är därför det står så allvarligt i Upp 21:8 att de *"fega, de otroende och de skändliga,*

55

mördarna, de otuktiga, trollkarlarna, avgudadyrkarna och alla lögnare skall få sin del i sjön som brinner av eld och svavel. Detta är den andra döden. " De fega räknas upp först av alla som kommer att dömas till helvetets fasor och plågor! Det borde lära oss att hata människofruktan i våra liv och istället öva oss i gudsfruktan!

Gudsfruktan leder till goda föredömen inom Kyrka och politik. Nehemja var en mycket gudfruktig man och ledare. I Neh 5:7-9 läser vi: *"När jag hörde deras rop och hörde dessa ord, blev jag mycket vred. Och sedan jag hade rådgjort med mig själv, förebrådde jag de högt ansedda männen och föreståndarna och sa till dem: 'Det är ocker ni bedriver mot varandra.' Därefter sammankallade jag en stor folkförsamling mot dem. Jag sa till dem: 'Vi har efter förmåga friköpt våra judiska bröder som var sålda åt hedningarna. Ska nu ni sälja era bröder? Ska de behöva sälja sig åt oss?' Då teg de och hade ingenting att svara. Och jag sa: 'Vad ni gör är inte rätt. Ni borde ju vandra i vår* **Guds fruktan**, *så att våra fiender, hedningarna, inte fick orsak att smäda oss."*

I vers 14-19 läser vi om en händelse som har klara paralleller till vår tid: *"Vidare är att nämna att från den dag då jag förordnades att vara ståthållare över dem i Judas land, i tolv hela år, varken jag eller mina bröder åt av ståthållarkosten. De förra ståthållarna, de som hade varit före mig, hade betungat folket och tagit av dem mat och vin till ett värde av mer än 40 siklar silver, och även deras tjänare hade gått hårt till väga mot*

*folket. Men så gjorde inte jag, **ty jag fruktade Gud.** Dessutom*
fortsatte jag att arbeta på muren, och ingen åker köpte vi oss.
Och alla mina tjänare var närvarande vid arbetet där. Och av
judarna och deras föreståndare åt 150 man vid mitt bord,
förutom dem som kom till oss från folken runt omkring oss. Och
vad som tillagades varje dag, nämligen en oxe och sex utsökta
får, förutom fåglar, det tillagades på min bekostnad. Och var
tionde dag anskaffades mycket vin av alla slag. Men likväl
utkrävde jag inte ståthållarkosten, eftersom arbetet tyngde så
hårt på folket. Tänk min Gud på allt vad jag har gjort för detta
folk och räkna mig det till godo!"

Tänk om våra politiker, näringslivets folk, alla byråkrater i den
offentliga sektorn och folkrörelsernas representanter, för att bara
nämna vissa, vore lika gudfruktiga som Nehemja! Då hade vi
inte behövt uppleva den moraliska kollaps vi nu nästan dagligen
tvingas läsa och höra om.

En dagens "Nehemja" hade naturligtvis tackat nej till alla
fallskärmsavtal, mutresor till Bryssel eller annorstädes,
fantasilöner, feta traktamenten och andra löneförmåner ovanpå
en redan hög lön. Inte heller skulle han gå på porrklubb och
betala med arbetsgivarens kontokort, deklarera falskt, stjäla på
jobbet, sjukskriva sig när han är frisk och annat liknande. Bara
dessa enkla exempel talar sitt tydliga språk om hur vårt land och
samhälle skulle sett ut om gudsfruktan hade hållits vid liv i skola
och överhet. Istället vimlar det av människor i alla läger och
nivåer som inte skäms över att klippa och klistra i kvitton, ta

betalt två gånger för samma sak och sko sig på det allmännas bekostnad.

När vår förre statsminister Tage Erlander hade dött, gick änkan Aina upp till regeringskansliet med några blyertspennor som var märkta "Tillhör Statsverket". Hon bad om ursäkt för att dessa pennor hade hamnat i Tages skrivbord! Men så var hennes generation uppfostrad i gudsfruktan, med 10 Guds bud och kristendomsundervisning i skolan, morgonbön och respekt för all överhet i familj och samhälle. Denna gudsfruktan har förbytts till laglöshet och uppror mot all överhet bland dagens ungdom. Bara en genuin folkväckelse kan ändra på detta förhållande!

"Gudsfruktan i förening med förnöjsamhet är verkligen en stor vinning", skriver Paulus i 1 Tim 6:6. Den vinningen är inte bara för individen, utan för hela samhället. Själv har jag upplevt hur Jesu frid i mitt hjärta har tagit bort all avundsjuka mot bättre bemedlade och rika människor. Jag är så nöjd med det jag har och får av Gud. Livskvaliteten sitter ju inte i mängden prylar eller hur hög lön man har. Jag har fått helt andra värden i livet än de jag sökte efter förut. Jag som var strejkledare på en Volvofabrik för kravet en krona mer i timmen! Nu ter det sig så enormt fåfängligt och girigt. Det är inte bara rika människor som kan vara giriga. Det kan även fattiga människor vara!

I historien både utomlands och i Sverige ser vi hur ogudaktigheten har lett människor i maktposition till omoral, lyxliv, girighet och synd ända till diktatur och folkmord. De har inte haft gudsfruktan för sina ögon när de beslutat om saker som

58

drabbat miljoner oskyldiga. Psalm 36:2-5 innehåller en tidlös beskrivning av en ogudaktig människas liv och tankar. *"I mitt hjärta betänker jag vad synden säger till den ogudaktige, till den för vilkens ögon Guds fruktan ej finns. Den intalar ju honom vad som är behagligt i hans ögon: att man inte ska finna hans missgärning och hata den. Hans muns ord är fördärv och svek, han vill inte göra vad förståndigt och gott är. Fördärv tänker han ut på sin bädd, han träder in på den väg som inte är god, han skyr inte något ont."*

"Att frukta Gud är att fly det onda", säger Job 1:1. I vers 8 av samma kapitel pekar Gud på Jobs gudsfruktan som något bland det bästa hos honom. *"Då sa HERREN till Åklagaren: 'Har du gett akt på min tjänare Job? Ty på jorden finns inte hans like i oförvitlighet och redlighet, ingen som så fruktar Gud och flyr det onda."*

Gud var stolt över Jobs gudsfruktan. Det var något han älskade att visa upp inför Satan. På samma sätt vill Gud idag kunna peka på oss som sina mästerverk i helgelse och gudsfruktan, för att riktigt plåga den Onde! Han vill att även vår gudsfruktan ska vara vårt vittnesbörd inför **denna världen** och inför **andevärlden**. Inte för att sedan låta djävulen ta ifrån oss allt vad vi äger och har och låta honom slå oss med sjukdomar! *"Nej, vårt förbund med Gud vilar på bättre löften, och har Jesus som löftesman"*, enligt Hebréerbrevet. Gud kan använda oss mer, ju mer gudfruktiga vi är. *"Hans behag står till dem som fruktar honom,"* säger Psalm 147:11.

I 2 Mos 18:21 läser vi hur Mose svärfar, Jetro, ger ett vist råd om hur domsförfarandet och "rättsväsendet" skulle se ut. Han sa: Sök ut åt dig bland allt folket, dugande män som fruktar Gud, pålitliga män, som hatar orätt vinning, och sätt dessa som föreståndare för dem. Gudsfruktan är att hata orätt vinning. Inte bara i andras liv. Det är inte svårt. Nej, framför allt i våra egna liv ska vi hata orätt vinning! Tänk på den P-automattömmare som under flera år inte lät sig övertalas av sina 50 kollegor att också han stoppa pengarna i egen ficka. Det gick några år för dessa ogudaktiga att undanhålla Stockholms stad en stor del av inkomsterna från dessa parkeringsautomater.

De levde ett liv högt över vad de skulle ha kunnat gjort på sin lön enbart. Till slut sprack naturligtvis bubblan och allt blev avslöjat. De fälldes i domstol och avskedades från sina arbeten. Alla gav de sin kristne kollega det vittnesbördet att han, frälsningssoldaten, aldrig hade stoppat en enda krona i egen ficka! Han hatade bevisligen orätt vinning i sitt eget liv på grund av sin gudsfruktan. Vilket underbart vittnesbörd inför arbetsgivaren, Stockholms stads invånare och hela Sveriges folk det blev, när den nyheten kablades ut i början på 1980-talet. Gudsfruktan leder till det bästa för individen, arbetet, arbetsgivaren, samhället och ekonomin!

Enligt Bibelns löften leder gudsfruktan till: "*rätta val i livet, ett liv i lycka, framgång och styrande makt för ens barn, umgängelse med den Helige* samt *insikt i blodsförbundets funktion, rättigheter och skyldigheter*," enligt Psalm 25:12-14.

Det sistnämnda löftet skulle man kunna översätta med Pauli ord i 1 Tim 3:9, om *"att äga trons hemlighet i ett rent samvete."* Psalm 128 som är en lovsång till gudsfruktan säger: *"Salig är var och en som fruktar HERREN och vandrar på hans vägar. Ja, av dina händers arbete får du njuta frukten, säll är du, och väl dig! Likt ett fruktsamt vinträd blir din hustru därinne i ditt hus, likt olivskott dina barn omkring ditt bord. Ty se, så blir den man välsignad, som fruktar HERREN. HERREN välsigne dig från Sion, må du få se Jerusalems välgång i alla din livsdagar och må du få se barn av dina barn."*

Enligt andra bibellöften leder gudsfruktan till: räddning ur frestelser, förlängt liv, livets källa och tuktan till vishet. Jungfru Maria profeterar ett trösterikt löfte om vad gudsfruktan för med sig för den troende, i Lukas 1:50. *"Heligt är hans namn och hans barmhärtighet varar från släkte till släkte över dem som fruktar honom."*

Psalm 112 börjar med en lovsång till den gudfruktiges lycka. *"Halleluja! Säll är den man som fruktar HERREN och har sin stora lust i hans bud. Hans efterkommande ska bli väldiga på jorden, de redligas släkte ska vara välsignat. Gods och rikedom ska finnas i hans hus, och hans rättfärdighet består evinnerligen. För de redliga går Han upp såsom ett ljus i mörkret, nådig och barmhärtig och rättfärdig."*

Malaki 2:5 säger: *"Jag hade ett förbund med honom och i det var liv och frid. Sådant gav jag åt honom för att han skulle frukta mig, och han fruktade mig och bävade för mitt namn."*

Bävar vi, skakar vi för Guds namn? Ett av hans många namn är: *"den Fruktansvärde."* Han är *"värd att fruktas".*

Apostlagärningarna kapitel 5 är en enda lång beskrivning hur Guds profetiska mönster för väckelse ser ut. Det kapitlet börjar med berättelsen om hur Guds dom började med församlingen. Ananias och Safira hade kommit överens om att verka lika fromma och offervilliga som de sant gudfruktiga i församlingen, vilka hade sålt sina åkrar, jordstycke eller hus och gett pengarna till apostlarna. De båda gjorde likadant men ljög om försäljningssumman. Efter de bådas omedelbara död vid Petrus utfrågning om sanningen i det de hävdade, står det att *"stor fruktan kom över församlingen och över alla andra som hörde detta."* Jag tror att Gud kommer att ställa samma stenhårda krav på oss vad gäller helgelse från allt vad girighet heter i församlingen, innan vi kommer att få se en väckelse med samma apostoliska ande och kraft som under Apostlagärningarnas tid. Bibeln likställer faktiskt girighet med avgudadyrkan!

Det är därför det är så viktigt med renhet och helgelse på detta område inom Församlingen. I Lukas 12:4-5 inskärper Jesus verkligen detta med gudsfruktan: *"Till er, mina vänner, säger jag: var inte rädda för dem som dödar kroppen men sedan inte kan göra något mer. Jag vill visa er vem ni ska frukta. Frukta honom som har makt att döda och sedan kasta i Gehenna. Ja, jag säger er: Honom ska ni frukta."*

I Apg 10:34-35 ser vi hur gudsfruktan förutsätts som villkor för att kunna bli frälst! Då började Petrus att tala: *"Nu förstår jag verkligen att Gud inte gör skillnad på människor, utan tar emot den som fruktar honom och gör det som är rätt, vilket folk han än tillhör.*" Av samma anledning inleder den predikoängel som Johannes fick se i Uppenbarelseboken 14:6-7 sitt eviga evangelium med, "*Frukta Gud och ge honom äran...*"

Slutligen vill jag citera Ordspråksboken 23:17-18 som en avrundning på detta långa kapitel om HERRENS fruktans Ande. Det får även bli en god uppmaning och uppmuntran till dig som har läst detta bibelstudium, nämligen: "*Låt inte ditt hjärta avundas syndare, men nitälska för HERRENS fruktan beständigt. Förvisso har du då en framtid, och ditt hopp blir ej om intet.*"

Därmed är genomgången av Guds 7 Andar klar. Men jag vill gärna ge dig som läst allt detta, en bön att be med i, som avrundning:

Tack gode Gud för din kärlek, vishet och nåd. Tack för allt det goda som vi har i Kristus. Jag ber nu av hela mitt hjärta att få bli uppfylld av alla dina smörjelser, så jag kan bli lik Jesus. Vidga mitt hjärta, förnya mina tankar helige Ande och smörj mig med Guds 7 Andar. Jag ber i Jesu namn, amen.

Slutord:
Alltför ofta har vi kristna slagit oss till ro med det vi har. Vi tror lätt att efter ett par stora segrar, förnyelser eller genombrott på olika områden, så finns det inget mer att uppnå. "Inte i vår

generation i alla fall!" Men ack så vi bedrar oss om vi tänker och lever så. Det verkar som om andedöpta kristna tror att de har nått så långt det i princip går, vad gäller andliga upplevelser, upptäckter, vishet och gudsfruktan, bara för att man kan tala i tungor.

Men t.ex. har judar ofta mer gudsfruktan i sina liv än vad kristna har. På TV såg jag en judinna som blev alldeles förkrossad och fick tårar i ögonen så fort hon fick syn på torahrullen (Gamla Testamentet) som bars fram i glädjefylld procession utanför en synagoga i Jerusalem!

Liksom ett äpple bara blir rött och moget på alla sidor om det blir utsatt för solens inverkan runt om, behöver vi få en "allround" undervisning om och förståelse av Guds 7 Andar. Denna bok har i koncentrerad form gett några ledtrådar till din andliga "runtom mognad".

olofamkoff@bredband2.com   073-1822678.